Dat erste Gebot

Hömma, dattes gleich weiß, mit wemes ze tun hass: Ich bins. Dein Gott. Der Einzige, dens in echt gippt. En Annern findze nich. Nirgenswo. Brauchs gaanich groß ze suchn.

Wattat heißt? Zuallereers kommtie Hochachtung für dein Gott. Wennde auf ihn bauss in allen Leemslagen, wirsse merken: Er lässt dich nich hängen.

Wer dieser Tage durchs Ruhrgebiet reist, der sieht auf den ersten Blick: Vom „Kohlenpott“ vergangener Tage ist nicht mehr viel geblieben. Wo man zwischen Kamp-Lintfort und Unna, Schwelm und Bergkamen einst allerorten Kohle aus den Flözen brach, sind die Zechen und die Fördertürme überall verschwunden. Bergehalden mutierten zu Grünanlagen, alte Seilbahntrassen markieren Spazierwege, Waschkauen wurden hier und da zu schnieken, teuren Büros. Vielerorts hat man gleich ganze Schachtanlagen komplett dem Erdboden gleich gemacht und in triste Gewerbegebiete verwandelt.

„Kohlenpottdeutsch“ sprechen die Menschen zwischen Lippe und Ruhr auch heute noch. Eine Sprache – geradeaus, grundehrlich, offen, manchmal rau und oft zum Schießen komisch. Entstanden unter Tage und am Hochofen, dort, wo man sich schnell, direkt und ohne falsche Diplomatie verständigen musste, fast immer zwischen Menschen ganz verschiedener Herkunft. Da war keine Zeit zum Schaumschlagen. Und nach Grammatik und Orthographie fragte sowieso kein Mensch.

Die 10 Gebote auf Ruhrdeutsch: Das sind Wegweiser, wie die Welt und das Leben sein sollten, in einer Sprache, die ungeschminkt und einfach sagt, wie es nun mal ist.

Ulf Schlüter
Superintendent
Evangelischer Kirchenkreis Dortmund

1
2
3

Dat zweite Gebot

Du sollz nich dauernd „O Gottogott“ sagn oder so ähnlich, wenn'nen doch gaanich meinz.

Wattat heißt? Manchma gewöhnt ma sich schnell wat an, wat gaanich gut is. Es gippt sogar Leute, die benutzen dem Gott sein Name, wennse am schwören oder fluchen sinn. Sowat sollman schomma gaanich machen. Wenne ährlich mittem redn willz, dann mach dat ganz für dich alleine.

Dat dritte Gebot

Gott sacht: Eimal die Woche sollze Pause machen.

Wattat heißt? Du kannz nich malochen, bisse umfällss. Zwischendurch muss auma Schicht sein. Doch wem sachich dat? Nich nur der Körper brauch Erholung. Du hass doch noch ne Seele im Leib, die brauch auch Nahrung, wenne nich vore Hunde gehn willz. Da kannze dir auma wat sagn lassn, wat für dein Leem wichtich is, gewissermaßen vonne höhere Waate aus. Dafür gipptet den Feiertach.

Dat vierte Gebot

Du sollz dein Vatter unn Mutter immer mit Hochachtung begeechnen, ‘n Leem lang.

Wattat heißt? Überleech ma: Wiede noch en hilflosen Köttel waass, wat hamse nich allet für dich getan! Eimfach so. Da kannze doch gut unn gerne wat zurückgeem, ohne datte dir’n Zacken ausse Krone brechen tuuss. Gezz hasse die Changse dazu. Dann machet auch!

WHY

Dat fümfte Gebot

Du sollz keim nachem Leem trachten.

Wattat heißt? Geder hängt an sein Leem. Is doch klar. Unn da hatta auch Anspruch drauf. Gednfallz hasse nich dat Recht, ihn kaputt zu machen. Villeich gippse dir sogar en Ruck, datte ihm beispringss, wo immer de kannz. Dann gehtet auch dir gut.

Dat sechste Gebot

Du sollz nich untreu wern.

Wattat heißt? Soon Wort wie „Treue“ kommt in unser Wortschatz kaum noch vor. Ganz egal, ob Mann oder Frau: Wennde mit dein Härzken durch dick unn dünn gehs unn sauber bleips, hassen Orden verdient. Fremdgehn bringt nur Ärger unn Streit. Unn ausserdem gehsse so geden Schlamassel aussem Weech!

Dat sippte Gebot

Finger wech von fremde Sachen!

Wattat heißt? Wie sacht schon der Volksmund: „Unrecht Gut tut selten gut!“ Watte dir auf die krumme Tour beschafft hass, glaub bloß nich, datte da lange Spass dran hass. Machet anners rum: Lass dein Kumpel nich im Regn stehn, unn wenne kannz, gipp ‘n Stückskken ab für die, die schlimmer dran sinn wie du. Dann machset richtich.

Dat achte Gebot

Du sollz kein'n schlecht machen.

Wattat heißt? Wer seine Mitbürger schlecht macht, der muss aufpassen, datter nich selps auffe Schnauze fällt. Am besten sachse nix Falschet über eim, dann kann dich keiner anne Karre fahren. Unn wenne wat Schlechtet über Gemanden hörss, dann kuck eersma, ob dat auch an dem is. Auf kein'n Fall sollzet eimfach so weiter sagn, nich dat alles noch viel schlimmer wird.

Dat neunte Gebot

Du sollz nich neidisch sein auffet Haus von dein Nachbar.

Wattat heißt? Eifersucht, dat is nix, wattich vorran bringt. Wennde ährlich biss, isset nur en Signal, datte mit dem, watte hass, nich zefrieden biss. Unn dat machtich auf Dauer für deine Umgebung ungenießbar. Also: Gönn dein Nachbar sein Erfolch.

Dat zehnte Gebot

Gönn dein Nachbar alles, watter hat: die Frau, die Blagen, dat Auto, die Weltreisen unn wat sonz noch alles.

Wattat heißt? Ganz gleich, auf was dein Nachbar stolz is: Tu ihm alles gönnen, nich dass irgendwie Neid am Entstehen is; sonz is schon bald Hängen im Schacht. Denn mit Neid bindze dir'n Klotz am Bein, dene so schnell nich mehr los wirss. Unn wat hasse davon, datte dauernd am denken biss: „Wat der sich alles leisten kann!" Denk lieber umgekehrt: „Schön fürnen!" Am Schluss kannze dich dann immer noch trösten: „Dat lezzte Hemd hat keine Taschen!"

Die goldene Regel

So, wie du dir vorstellen tuuss, dat die Leute mit dir umgehen, so machet mit denen genauso.

Dat doppelte Gebot vonne Liebe

Lass auf dein Gott nix kommen, noch nichma in Gedanken, ganz egal wat passiert. Unn um dein Mitmensch sollze dich kümmern, wie wennet für dich selps wär.

Das erste Gebot

Ich bin der Herr, dein Gott. Du sollst nicht andere Götter haben neben mir.

Was ist das?

Wir sollen Gott über alle Dinge fürchten, lieben und vertrauen.

Das zweite Gebot

Du sollst den Namen des Herrn, deines Gottes, nicht unnütz gebrauchen; denn der Herr wird den nicht ungestraft lassen, der seinen Namen missbraucht.

Was ist das?

Wir sollen Gott fürchten und lieben, dass wir bei seinem Namen nicht fluchen, schwören, zaubern, lügen, trügen, sondern ihn in allen Nöten anrufen, beten, loben und danken.

Das dritte Gebot

Du sollst den Feiertag heiligen.

Was ist das?

Wir sollen Gott fürchten und lieben, dass wir die Predigt und sein Wort nicht verachten, sondern es heilig halten, gerne hören und lernen.

Das vierte Gebot

Du sollst deinen Vater und deine Mutter ehren, auf dass dir's wohlgehe und du lange lebest auf Erden.

Was ist das?

Wir sollen Gott fürchten und lieben, dass wir unsere Eltern und Herren nicht verachten noch erzürnen, sondern sie in Ehren halten, ihnen dienen, gehorchen, sie lieb und wert haben.

Das fünfte Gebot

Du sollst nicht töten.

Was ist das?

Wir sollen Gott fürchten und lieben, dass wir unserm Nächsten an seinem Leibe keinen Schaden noch Leid tun, sondern ihm helfen und beistehen in allen Nöten.

Das sechste Gebot

Du sollst nicht ehebrechen.

Was ist das?

Wir sollen Gott fürchten und lieben, dass wir keusch und zuchtvoll leben in Worten und Werken und in der Ehe einander lieben und ehren.